FINANZAS DESCENTRALIZAS EN ASTAR NETWORK

MacZam

Introducción

Hace ya algunos años, de vacaciones con mi familia en la bella ciudad de La Serena, coincidimos con mi amigo y su familia.

En ese verano además de disfrutar del sol y de la playa, las conversaciones cerraban el día y así una noche me habló de algo llamado Bitcoin y algo llamado Ethereum.

En ese minuto y con algunas copas, estos conceptos resultaban algo inentendibles e imagino muy difíciles de explicar a una persona que no sabe del tema (hoy sigue siendo difícil de explicar).

Y así se acabaron las vacaciones y luego de dos o tres meses y dada la insistencia de mi amigo, comencé a leer y compré 8,3 ETH a 8 dólares cada uno.

La verdad, aún no sabía bien que había comprado ni donde estaban, pero aprendí a crear una billetera y a abrir una cuenta en un Exchange.

En ese momento parecía increíble y riesgoso que desde cualquier lugar del mundo, desde un computador conectado a internet comprar Bitcoin.

Pero no había forma de comprar ETH para mí, sin tener BTC, ya que el servicio centralizado de mi país sólo ofrecía BTC, pero una vez que ya lo tenías, casi podías acceder a todas las ofertas de tokens digitales en el mundo.

Nada de esto habría sido posible sin el consejo y el apoyo de mi amigo, así que en estas páginas le doy reconocimiento a Tito, una persona con capacidades extraordinarias.

Ese fue mi primer paso. Luego fue leer y estudiar, muchos protocolos y también experimentar con ellos, algunos con buenos resultados y muchos con malos resultados.

Así que una de las primeras ideas que dejo al lector, es que en este campo, hay mucho por aprender, por descubrir y por sobre todo muchos riesgos.

También transmitir al lector que si decide dar su primer paso, deberá ser consciente que tendrá dificultades, pero que todas ellas, se pueden superar y que en el camino del aprendizaje es probable que se encuentre con buenas y malas experiencias, me refiero proyectos geniales pero también a fraudes, burbujas, entre otras.

Se encontrará con gente buena, honesta y con gente deshonesta, como en todas las actividades y cada vez que vea el video de "la gran gema", "de la gran rentabilidad", o "el aviso de hacerse rico de manera fácil", que sepa que es altamente probable que se trate de un engaño.

Hay casos de éxito y personas que se hacen ricas, pero son excepcionales. Lo que realmente resulta y es algo en que puedes confiar, es en trabajar duro por un futuro mejor.

Y por lo mismo si llegaste hasta acá, es porque quieres aprender más para mejorar tus finanzas y dependerá mucho de tu trabajo en el tema.

En este libro, se resumirá un poco de historia, un poco de teoría y también ejemplos de protocolos sumamente jóvenes, que incluso es posible que crezcan o desaparezcan en los próximos años, sólo el tiempo lo dirá.

Si bien de mi parte he dedicado tiempo a estudiar protocolos de distintos tamaños y distintas cadenas de bloques, he elegido para este libro, sólo protocolos desplegados en Astar Network, dada mi cercanía con esta parachain de Polkadot, compartiendo varios de los principios de descentralización que les inspiran.

Y por último mencionar que en el texto encontrarás códigos QR que te llevaran a un video donde se explicará el contenido con un ejemplo por lo general una dApp. Si lees la versión física del libro, podrás utilizar tu teléfono para acceder al video, pero si estás en la versión digital, nada más debes hacer click sobre el código.

Agradecer además a los revisores, Andrés en la primera edición y en esta segunda edición, Johanna, Alan y Víctor, excelentes profesionales y que han sido muy amables al entregarme sus comentarios.

Así que nada más de introducción y recordando al lector que nada en este libro es un consejo de inversión, sino que sólo se ha escrito con fines educativos, espero que sea de utilidad y adelante...

Indice

Contenido

Capítulo 1.

1.Historia.

1.1 Un poco de historia.

Antes de entrar en finanzas descentralizadas, es necesario recordar al lector que todo inicia con la primera blockchain Bitcoin, el protocolo que genera la innovación y lo cambia todo permitiendo intercambios de un activo digital entre pares y sin un intermediario central, tal como funcionan las transacciones hoy en día. Ya hay varios textos e información sobre BTC, por lo cual no profundizaré en esta historia y sólo mencionaré que su creador es "Satoshi Nakamoto", un personaje hasta el día de hoy desconocido y misterioso. Una mención especial además al gran Hall Finney, criptógrafo quien participa de la primera transacción de BTC, en los inicios de la red y quien debe ser recordado como uno de los padres de BTC.

Años después, Vitalik, un joven inquieto y escritor de una revista sobre Bitcoin, esperaba mejorar el protocolo y generar nuevas innovaciones para beneficiar a los usuarios

sin embargo, no fue posible desarrollar estas ideas en Bitcoin y junto a un grupo de notables, crea la red "Ethereum", la cual considera nuevas definiciones y funcionalidades como los "Smart contracts", que en simple, consiste en código que permitiría transacciones automáticas; también dApp, o mejor dicho aplicaciones descentralizadas; y genera una explosión de nuevas ideas y aplicaciones que comienzan a desplegarse en su red. Entre las más populares las de finanzas descentralizadas. Hay mucha literatura en la red sobre Ethereum y ya comenzamos a ver también sobre finanzas descentralizadas.

Mencionar también como parte de la historia a "Binance" un actor relevante e importantísimo, que nace como un Exchange centralizado, les llamaremos CEX, en un inicio entregando servicios de intercambio de tokens y convirtiéndose en el más grande del mundo. Hoy en día Binance es una parte importante de la infraestructura de la industria cripto, con presencia en una serie de países y que ha desarrollado muchos servicios financieros y además ha creado la Binance Smart Chain, otra cadena de bloques que ocupa un espacio importante en el ecosistema.

Así pasa el tiempo y además de las redes de Bitcoin, Ethereum, Binance, nacen muchas más, las que no se comunican entre sí, generándose un nuevo problema, "la interoperabilidad".

Con el tiempo nacen los "Bridges", el objetivo de estos puentes es transferir activos digitales de una red a otra, con diferentes técnicas y en algunos debías transferir el activo a una cuenta, la cual generaba un bloqueo en esa red y entrega el activo en la red destino. Varios de estos puentes han sido vulnerados en lo poco que llevan de operación.

Es entonces que surge una nueva idea para resolver los problemas de escalabilidad, interoperabilidad y seguridad, la red "Polkadot" una capa cero, en la cual las diferentes redes deben conectarse y beneficiarse de la seguridad, la escalabilidad y la interoperabilidad ofrecida. Gavin Wood, cofundador de Ethereum pone manos a la obra y comienza a trabajar en la capa cero.

Hoy en día esta red está operando y mejorándose de manera permanente y ya hay una serie de redes conectadas. Será necesario otro libro para explicar todo lo que está ocurriendo acá.

Hay ya bastante información en internet sobre este tema y comparto con el lector un video que puede ser de utilidad para un mejor entendimiento. En adelante, cada vez que el lector vea un código QR, este le llevará a un recurso de video que apoyará la comprensión.

 VIDEO

¿Dónde está Polkadot?

Entonces, una de las blockchains más destacadas en el ecosistema Polkadot es Astar

Network y es por eso que este libro está dedicado a describir algunas herramientas de finanzas descentralizadas desplegadas en esta red.

Astar Network es una blockchain que nace en Japón para desplegar Smart Contracts en entorno EVM y en entorno WASM y hacerlos interoperables mediante una máquina virtual cruzada.

También cuenta con un innovador programa de incentivo a los constructores que les premia por su trabajo en el desarrollo de dApps.

Ya hay varias dApps desplegadas en la red y entre ellas las de finanzas descentralizadas que serán descritas en este libro.

El lector encontrará toda la información de Astar Network en su página web y en su wiki.

https://astar.network/

https://docs.astar.network/

Creo que ya en estas páginas se han mencionado varios conceptos que pueden resultar difíciles de entender al lector, pero en el transcurso del libro serán aclarados.

1.2 Entrando en materia

Las finanzas son una rama de la economía y de la administración que estudia el intercambio de capital entre individuos, empresas y Estados. Intercambios que tienen riesgos.

Asociaremos también con finanzas la obtención y la administración del dinero para lograr sus respectivos objetivos, tomando en cuenta todos los riesgos que ella implica.

En las finanzas tradicionales los individuos interactuamos con entidades que nos ofrecen servicios financieros, tales como, Bancos, Corredores de Bolsa, Administradores de Fondos, Cámaras de Compensación, Depósitos de Valores, entre otros actores que actúan como centralizadores y en quienes depositamos la confianza.

Por ejemplo un Banco permite a sus clientes depositar dinero y retirarlo. En estos casos el banco genera diversos registros, registros de clientes, de cuentas, de transacciones y para cada cliente un registro con los movimientos de su cuenta, una "cartola". Todos estos registros son sólo controlados y administrados por el Banco, ya que es el ente central en el que depositamos la confianza. El Banco es un centralizador.

Una nueva rama de las finanzas nace gracias a los "Smart Contracts", donde los servicios financieros son escritos en código y se generan protocolos descentralizados, es decir sin un ente controlador en el que depositamos la confianza, y así nacen los protocolos de intercambio, de préstamos, de depósitos, entre otros.

Todo esto quiere decir que el lector podría realizar un intercambio de tokens por ejemplo sin utilizar una entidad que le preste el servicio y podría ser autónomo en esta tarea. Por lo mismo, no sería necesaria ninguna actividad de registro en una plataforma, es decir, nada de entregar documentación para verificar su identidad. Eso sí, el lector debe ser capaz de crear y administrar una billetera por lo cual nos referiremos brevemente a esto y a algunas definiciones.

En adelante se utilizará la palabra wallet o billetera, con el mismo significado.

1.3 Token

Un token es "una unidad de valor que una organización crea para gobernar su modelo de negocio y dar más poder a sus usuarios para interactuar con sus productos, al tiempo que facilita la distribución y reparto de beneficios entre todos sus accionistas". Esta es una definición popular de token.

También se le llama 'token' (en inglés, ficha, como por ejemplo las que se utilizan en las máquinas de juegos) a una unidad de valor basada en criptografía y emitida por una entidad privada en una 'blockchain', como Bitcoin o Ethereum.

En ocasiones va a hacer referencia a una criptomoneda, pero también existirán los tokens de utilidad.

Es probable que en los próximos años contemos con definiciones legales de tokens y diferentes tipologías, según en el entendimiento de los mismos en distintos lugares.

Por lo general se representan con tres o cuatro letras mayúsculas, por ejemplo BTC es el token nativo de la red Bitcoin; ETH, es el token nativo de la red Ethereum; DOT es el token nativo de la red Polkadot y KSM es el token nativo de la red Kusama.

En el caso de Astar Network, el token nativo se llama ASTR.

Durante el libro observaremos que es posible que un token se traslade de una red a otra y en esos casos es general ver que se les adiciona una letra minúscula. También cuando hay alguna transacción de por medio, por ejemplo, ASTR y nASTR son tokens que representan el token nativo de Astar, pero el segundo tiene algo especial que se comentará en el libro.

1.4 Protocolo

En el ámbito de redes, un protocolo es un conjunto estandarizado de reglas para formatear y procesar datos. Los protocolos permiten que los ordenadores se comuniquen entre sí.

En este libro se revisarán protocolos de finanzas descentralizadas, desplegados en la red Astar.

1.5 La wallet

Si vas a iniciar y experimentar con blockchain, necesitarás una wallet. Hay diferentes tipos y para diferentes cadenas de bloques. La billetera te permite ser autónomo y ejecutar transacciones sin intervención de un tercero. Es una herramienta genial, pero que requiere de los cuidados necesarios.

Si buscas un poco en la red encontrarás muchas wallets, algunas físicas como Ledger; otras de escritorio, que puedes instalar en el computador; otras para ser utilizadas en la web y que se anclan al navegador y otras que serán ejecutadas desde el smartphone, es decir, desde tu teléfono inteligente.

Además, encontrarás wallets específicas para cada una de las redes, por ejemplo una wallet para BTC, o una wallet para ETH, o para BNB.

También encontrarás wallets multichain, es decir que soportan varias cadenas.

Mencionar brevemente al lector que el token, será la unidad básica de una blockchain, en algunos casos tendrá un valor monetario, o el valor que le asigne su comunidad y que los usuarios se encuentren dispuestos a pagar por él. En este libro, nos referiremos principalmente a tokens fungibles.

Por lo general un token se va a representar con algunas letras mayúsculas, por ejemplo, en la red Bitcoin, el token se simboliza como BTC; en la red Ethereum, el token se simboliza como ETH; en la red Polkadot, el token se simboliza como DOT y en la red Astar, el token se simboliza como ASTR.

Bien, retomando la idea de wallet, esa que te permite "almacenar" tokens, lo escribo entre comillas porque en realidad no los almacena, pero es posible imaginar eso, acá un video que resume que es una wallet, que puede ayudar a comprender mejor el concepto.

VIDEO

¿Qué es una wallet?

Hay que mencionar además que una wallet no tiene los saldos de las cuentas y si hacemos una analogía con el mundo físico, la wallet no tiene los billetes dentro de ella, sino que tiene las llaves que permiten abrir la billetera para ejecutar transacciones.

Es importante también mencionar al lector que las llaves de la wallet tienen la capacidad de desencriptar los mensajes y por lo mismo si pierdes tu llave, ya no podrás utilizar tu billetera y dado que el sistema es totalmente descentralizado, no existe una entidad aún que pueda ayudarte a recuperar tu llave y tus fondos y si tus llaves caen en manos inadecuadas, seguro vas a perder tus fondos y no tendrás como recuperarlos.

Las llaves son más o menos así

assdFFFssjj12348lrndñlJKU768fhhj#%&/OLK DBGHFAIerwfh38762kkdhg9887yyehjksnFGG JDK4

y claro, es muy difícil el recordarlas, por lo cual generalmente se almacenan en un fichero y lo que conocemos es la clave de ese fichero, una clave mucho más pequeña y que es posible recordar, pero no olvides que por sobre todo debe ser segura.

Las wallets además consideran un mecanismo de restauración para las llaves, por lo general cuando creas una te pedirá guardar una cantidad de palabras, 12, 15 o 20 y será con estas que podrás restaurar tu billetera en cualquier dispositivo, así que cuídalas y no las expongas jamás.

En este video podrás repasar la diferencia entre llave o clave y contraseña.

VIDEO

¿Qué es una clave y una contraseña?

Mencionaba anteriormente que para utilizar un servicio descentralizado, una dApp, no será necesario registrarte ni entregar ningún dato, sólo será necesario conectar tu billetera.

En este libro nos vamos a referir a dApps que se utilizan con la wallet Metamask configurada en la red Astar Network y en el siguiente video se muestra cómo hacerlo.

VIDEO

¿Cómo configurar red Astar
en Metamask?

Bien, una vez instalada la wallet Metamask y configurada la red de Astar Network, ya puedes iniciar.

Revisaremos ahora algunos conceptos ligados a finanzas descentralizadas, en adelante DeFi.

1.6 Staking

El concepto de staking es ampliamente utilizado en el espacio DeFi y si hacemos una analogía con el mundo físico, el staking es como un depósito, es decir el usuario entrega sus tokens a un protocolo, recordar no a una entidad centralizada, todo es código, y el protocolo los bloquea.

Existen diversas variantes de staking, los primeros se crearon para dar seguridad a la red, pero veremos diferentes tipologías de staking con distintos fines. Por ejemplo en el caso de Astar Network, se utiliza el "dApp Staking", que consiste en que cada usuario "el staker" cuando bloquea sus tokens debe elegir una dApp de un catálogo, la cual también será recompensada, así se estimula que las dApp se creen en esta red porque pueden ser recompensadas por los usuarios.

¿Y de donde salen las recompensas?

Pues bien, el número de tokens existente dependerá de la definición de este y es algo que se define en su "libro blanco", luego se define como se van a repartir y se genera una emisión inicial. Nos referiremos al "tokenomics".

Posteriormente, existirán emisiones parciales dependientes de la tasa de inflación que se ha definido. Por ejemplo, una tasa de inflación del 5% sobre 1.000.000 de tokens, significa que se generaran, 50.000 tokens al año. Por lo general esta cantidad se distribuye por día y luego por bloque generado, es decir cada vez que se genera un bloque existirá una emisión de tokens a repartir, la cual beneficiará a los Stakers.

En el caso de Astar Network, los bloques se producen cada 12 segundos y en cada evento se generan los tokens a repartir.

Encontrará más información sobre la inflación de ASTR el token de Astar Network, en el siguiente video.

 VIDEO

¿Qué es la inflación?,

¿Cómo se aplica a los tokens?

1.7 Staking liquido

Siguiendo con la analogía, si el staking se asocia a un depósito; el staking líquido sería como el mismo depósito pero que te entrega un certificado, es decir otro token, con el cual podrás deshacer la operación de stake, pero que podrás utilizar en los mercados, es decir te genera liquidez, pero debes ser consciente que, si lo vendes, no tendrás la opción de recuperar tus tokens, la tendrán quienes han comprado estos "certificados".

Ahora si aprendes a utilizar bien esta opción, será una herramienta útil para tu portafolio de inversiones y disponer de liquidez cuando lo requieras.

1.8 Pool

Una Pool de liquidez es quizás una de las innovaciones más interesantes de los últimos años en las finanzas. Hasta antes de las Pools, para realizar un intercambio de tokens debías o contactar a tu contraparte de manera privada, o participar de los mercados centralizados donde los usuarios registran sus órdenes de compra o venta en los libros de órdenes y si estas coinciden de manera opuesta, entonces se ejecuta la operación y ésta puede ser liquidada.

Ahora para entender una Pool, ya no debes considerar un libro de órdenes, debes imaginar que en la Pool tienes tokens A y tokens B en alguna proporción, por ejemplo 1000 tokens A y 100 tokens B, así la proporción es $A/B = 1000/100$, o también, $A/B = 10/1$, así en este ejemplo 10 tokens A, equivalen a 1 token B, ya que B es mucho más escaso, entonces si vas a la

Pool y entregas un token B, recibirás 10 tokens A como intercambio.

Luego de cada transacción la Pool va cambiando y también la proporción de los tokens y la tasa de cambio.

Y así es como funciona.

Las Pool de liquidez se encuentran en los intercambios descentralizados, en adelante DEX y para utilizarlas nada más debes contar con una wallet configurada a la red respectiva y pagar el costo que se defina.

Mencionaremos además que a quienes aportan a la creación de la Pool, entregando sus tokens, les llamaremos "proveedores de liquidez", quienes también serán recompensados por ser creadores de mercado y también deberán asumir riesgos. A este proceso de proveer liquidez, en algunos ecosistemas le llaman "farming".

1.9 Farming

Cuando nos referimos a farming, el lector debe entender que es el proceso en que entregamos un par de tokens a una Pool y por esta acción recibiremos una recompensa, es decir, se realiza entregando dos tokens, el A y el B, en una proporción definida que es dinámica y por esta acción se recibe una recompensa.

Cada vez que entregamos una cantidad X del token A y una cantidad Y del token B, recibiremos un token nuevo, usualmente llamado token A-B LP.

Este token A-B LP, debe ser puesto en staking para generar las recompensas de la Pool.

Es muy importante también considerar que cuando quieras retirar tus tokens entregados en el inicio deberás devolver el token A-B LP y se realizará un cálculo de cuantos tokens A y tokens B te corresponderán, de acuerdo a las condiciones actuales de la Pool, por lo cual es altamente probable que **no recibas de vuelta la misma cantidad de tokens que entregaste**, sino que la proporción que te corresponde en ese minuto. En esta etapa es posible que se produzca una pérdida llamada impermanent loss ó IL.

Buenos, ahora vamos al lío...

Los capítulos siguientes están dedicados a explorar y conocer un poco más sobre las dApps que se están construyendo y desplegando en Astar Networks.

Es realmente fascinante todo lo que está ocurriendo en este ecosistema y espero sea de utilidad al lector.

Revisaremos una plataforma para hacer Staking líquido, ALGEM; un DEX con AMM, ArthSwap; una plataforma de depósitos y prestamos, SIO2; una plataforma agregador de rendimiento

AVAULT y un protocolo de moneda estable, ASTRID DAO.

Mencionar, que soy un amante de las matemáticas, pero también busco que este libro sea leído por todos, por lo cual la forma en que se describen los conceptos buscará ser muy simple.

Capítulo 2.

2. Staking líquido, Algem.

En este capítulo se describe Algem, y las ideas principales y las imágenes han sido extraídas de los documentos publicados por el equipo, quienes tienen todo el mérito de lo descrito acá. También he utilizado algunas imágenes capturadas directamente desde la dApp. Por el contrario, todos los errores que pueda contener este documento son sólo míos.

Dicho esto, vamos con Algem.

2.1 Algem

Algem es un protocolo DeFi de participación líquida nativa sobre Astar Network, es decir además de hacer la transacción de stake directamente en la aplicación de Astar, puedes realizarla en la dApp de Algem y cada vez que lo realizas, el protocolo te entrega un token que certifica tu participación en stake, el token nASTR.

Este token es líquido por lo cual puedes utilizarlo para otros fines, como por ejemplo intercambio, colateral o para aportar liquidez en una Pool en otros protocolos.

Para utilizar el protocolo debes configurar la red Astar en tu billetera, por ejemplo, Metamask.

Para ir a Algem puedes encontrar el enlace
directamente en su sitio web.
(https://www.algem.io/#howItworks)

En el capítulo anterior se entrega un enlace a un
video que muestra como configurar tu billetera
Metamask a la red Astar Network.

Una vez ahí veras una pantalla como la que se
muestra

Te entrega información sobre el valor
bloqueado, el APR, la ERA y tus posiciones en
stake.

El valor bloqueado es la cantidad de ASTR bloqueado por parte del protocolo, es decir suma todas las contribuciones de los Stakers desde acá.

El APR es la rentabilidad calculada y estimada, y la ERA es la unidad de medida del tiempo en Astar Network. Una ERA es aproximadamente un día.

2.2 ASTR y nASTR

nASTR es el token derivado del staking líquido de ASTR, lo que permite a los usuarios mantenerse líquidos con sus tokens ASTR y obtener recompensas adicionales en el ecosistema Defi de Astar Network.

Los tokens nASTR están garantizados por una proporción de 1:1.

Es decir, cada vez que un usuario deposita o apuesta ASTR a través del protocolo Algem acuña una cantidad igual de tokens nASTR.

Estos tokens representan la parte y los derechos del usuario para reclamar los tokens subyacentes.

2.3a Staking

Para realizar el stake, nada más debes ingresar la cantidad de ASTR y pinchar en "stake" como se muestra en la figura.

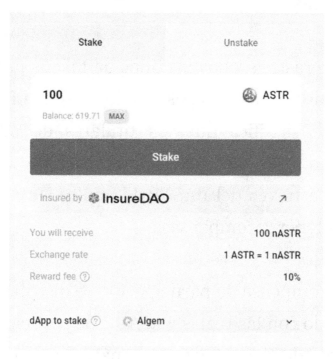

De acuerdo con la información en la wiki, los tokens ASTR depositados son delegados por los contratos inteligentes de Algem directamente a la participación de dApp de la red Astar y comienzan a ganar recompensas de participación, Algem recolecta estas recompensas y las distribuye, menos una pequeña tarifa, según el saldo de nASTR en sus billeteras.

Algem rastrea todos los tipos de tokens nASTR, incluidos los tokens básicos, los tokens LP, etc., lo que significa que los titulares de nASTR pueden usar sus tokens en otros protocolos DEFI a través del nASTR Liquidity Hub y aun así obtener recompensas.

La recompensa de participación se distribuye de acuerdo con las reglas y la APR de participación actual de la dApps. Además, los usuarios pueden reclamar recompensas en Algem después de cada nueva era.

La ventana te muestra lo que recibirás en nASTR, la tasa de cambio y el reward fee. Realmente es muy simple.

Posteriormente debes firmar tu transacción con tu billetera y puedes revisar en la misma pantalla.

2.3b Unstaking

Y cuando desees retirar tus tokens, debes pinchar en "unstake" y verás una pantalla como la que se muestra a continuación, ingresas la cantidad y pinchas. Luego debes esperar algunas eras y tendrás nuevamente los tokens

ASTR en tu billetera, entregando de tu parte los
tokens nASTR.

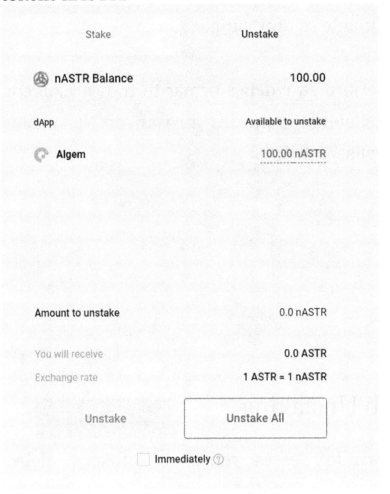

Si te fijas, también existe la opción de retiro sin espera (marcando la casilla "inmediatamente"), la cual cobrará un 1% del retiro y no debes esperar diez eras, como en el caso de unstake normal.

De acuerdo a la wiki, el período de retiro varía de 10 ERAs a 13 ERAs (aproximadamente 10–13 días).

2.4 Farming

Otro uso interesante es la posibilidad de hacer farming con el token nASTR. En este caso, en ArthSwap existe una Pool, nASTR-ASTR, en la que es posible obtener un rendimiento.

(Teóricamente el riesgo de Impermanent Loss, sería muy bajo dada la paridad entre ASTR y nASTR).

2.5 Liquid Lending

En la wiki explican el servicio de préstamos líquidos, pero al cierre de la edición de este libro, aún no estaba disponible para ser testeado. Menciona además que la solución de préstamos líquidos de Algem permitiría a los usuarios continuar obteniendo préstamos o recompensas y aumentar sus ingresos con los incentivos de ALGM y mediante el uso de tokens nASTR líquidos negociables.

El préstamo líquido utilizaría los mismos mecanismos que el staking líquido, pero en lugar de interactuar sólo con el staking de dApps de Astar, se conectaría directamente a otros protocolos de dApp en la red de Astar.

Liquid Lending

Choose a vault, lend ASTR & earn ALGM and partner rewards

Users choose vault based on ALGM incentives APR and supply duration

Users choose partner dApps where Algem lends their ASTR

dApps generate lending rewards which Algem accumulates in its staking pools

Users reinvest ALGM incentives to earn more partner dApps rewards

Users stake their ALGM in these pools and receive partner dApps lending rewards

2.6 Token ALGM

ALGM es el token nativo y de gobierno del protocolo Algem, y tiene un papel central en el sistema de recompensa y votación de la plataforma. Ningún token ALGM se ha puesto a la venta, sólo se han distribuido a los usuarios y simpatizantes y la única forma recibir tokens de gobierno antes de que ingrese al mercado secundario es bloquear ASTR.

2.6.1 Tokenomics

De acuerdo con la información de la wiki, el token ALGM considera un suministro total de 100,000,000, a emitir **en 36 meses con la siguiente distribución:**

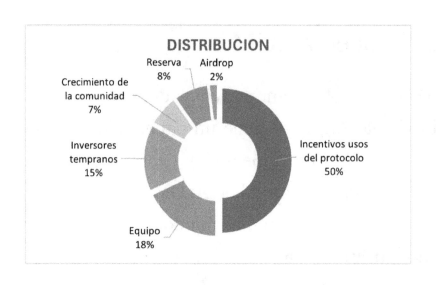

Calendario de distribución de ALGM

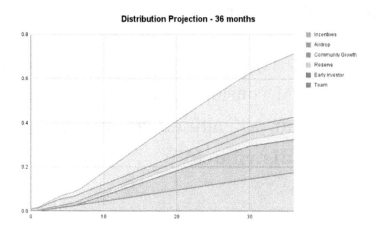

2.6.2 Utilidad del token ALGM

ALGM es el token de gobernanza del protocolo y tiene los siguientes usos:

Prestar el token ALGM a las dApps socios DeFi de Algem.

Stake del token ALGM en el protocolo Algem y recibir parte de los ingresos.

Votar y tomar decisiones sobre el futuro del protocolo, las vaults, etc...

2.6.3 Ingresos del protocolo

Los ingresos del protocolo Algem provienen de dos fuentes:

Tarifas de protocolo

Comisión de gestión de participación líquida (tarifa del 10 % sobre la recompensa de participación)	Tarifa de des-apuesta inmediata (1% sobre el monto de des-apuesta)
Comisión de gestión de Liquid Lending (comisión del 10 % sobre la recompensa del préstamo)	Tarifa del centro de liquidez de nASTR (tarifa del 10 % sobre la recompensa agrícola del socio)

2.6.4 Recompensa Build2Earn.

Algem es parte del programa Astar Builders, por lo tanto, Algem genera recompensas para el operador a partir de Astar dApp Staking durante cada ERA Astar, a través de su grupo en el portal Astar. Los usuarios pueden seguir la distribución de recompensas en Subscan.

Además, Algem cobra una micro tarifa de la recompensa de participación al reducir las recompensas después del segundo decimal (por ejemplo: $5.863145 \rightarrow 5.86$). Estos tokens se acumulan en el grupo de recompensas de participación y se pueden usar como reserva en caso de posible insolvencia del contrato inteligente de Liquid Staking.

2.6.5 Distribución de ingresos

Antes del lanzamiento de Liquid Lending (etapa actual)

El 90% de los ingresos totales va al equipo

El 10 % de los ingresos totales se destina al grupo de DI

Después del lanzamiento de Liquid Lending

El 70% de los ingresos totales se destina a los participantes

El 20 % de los ingresos totales va al equipo

El 10% de los ingresos totales se destina al grupo de DI.

2.7 Wiki

Toda la información sobre el protocolo y su funcionamiento lo puedes encontrar en su wiki https://docs.algem.io/.

2.8 Recursos

Encontrarás un video con ejemplos de la Dapp de Algem en el siguiente enlace.

 VIDEO

ALGEM una dApp DeFi
para Staking

Capítulo 3.

3. ArthSwap DEX con AMM.

Los DEX con AMM, son una nueva forma de intercambiar activos digitales, una forma sin interactuar con una contraparte central, es decir el holder podrá realizar operaciones directamente con el protocolo.

En este capítulo describiremos ArthSwap, el DEX con AMM número 1 en Astar Network en este momento.

Mencionar que las principales ideas y las imágenes han sido extraídas de los documentos publicados por el equipo de ArthSwap, y además desde la misma dApp, por lo cual es el equipo de ArthSwap, quien tiene todo el mérito de lo descrito acá. Por el contrario, todos los errores que pueda contener este documento son sólo míos.

Dicho esto, vamos con ArthSwap.

3.1 ArthSwap

ArthSwap es un protocolo DeFi que busca convertirse en el DEX con AMM líder en la red Astar. Sus principales funciones son swaps, staking y minería de liquidez. Recientemente están incorporando funciones de IDO, que hoy por hoy no se ven operativas.

Una funcionalidad básica y útil es intercambiar tokens, por ejemplo si el lector tiene DOT, pero quiere tener ASTR, necesita ir a un Exchange.

El lector debe conocer que están los CEX (los intercambios centralizados, hoy dominantes en el ecosistema, pero que han presentado tremendos problemas de capital y liquidez, además de fraude) y los DEX (Intercambios descentralizados, es decir no hay una contraparte central, es sólo código), que nacen para entregar una solución descentralizada a los usuarios. Hoy el lector debe optar por uno de ellos o por ambos. Poco a poco los DEX comienzan a tomar una mejor posición, sólo que en ocasiones parecen más complejos de utilizar.

Pues bien, si quieres intercambiar tokens en la red Astar, desde octubre del 2022, ArthSwap ofrece un DEX con AMM, y actualmente cuenta con una variedad de Pools que permiten el intercambio de una serie de tokens tales como ASTR, ACA, ACS, ARSW, ATID, BAI, BNB, BNC, DAI, DOT, entre otros.

Para acceder a la Dapp, el lector debe configurar previamente su wallet Metamask para la red

Astar. En el capítulo inicial se encuentra un enlace a un video que enseña cómo hacerlo.

El funcionamiento de los mercados de AMM es utilizando el modelo de x * y = k, creado por Uniswap. En este modelo se define una Pool descrita en este libro en el capítulo inicial.

3.2 La granja (farming)

Dado que Arthswap es una DEX (aplicación descentralizada) con AMM, es necesario contar con proveedores de liquidez y como recompensa por proporcionar liquidez y apostar el token LP, el protocolo distribuye el token $ARSW, además de la recompensa que cada Pool considere en su inicio.

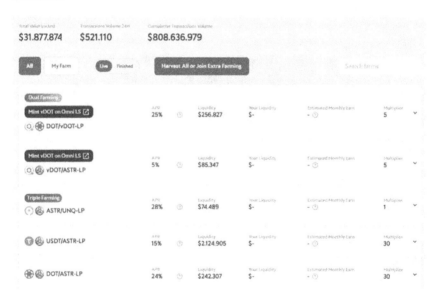

Hoy mismo hay ya una serie de Pools en las que los proveedores de liquidez pueden participar. En la figura más arriba se aprecia una serie de Pools, el APR que entregan en este momento, la liquidez que tienen, además de los parámetros para los participantes.

Recordar además que los proveedores de liquidez deben agregar un par de tokens en la proporción que ese momento determina el protocolo, y luego recibirán un token LP, el cual debe ser puesto en stake.

En la imagen se aprecia una ventana donde se agrega la liquidez, ingresando la cantidad de ambos tokens.

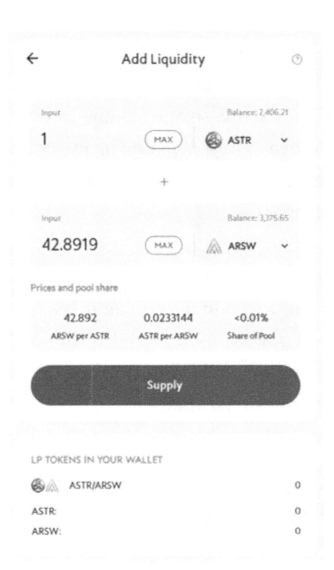

← Add Liquidity ⑦

Input   Balance: 2,406.21

1   (MAX)   🌐 ASTR ⌄

+

Input   Balance: 3,375.65

42.8919   (MAX)   🔺 ARSW ⌄

Prices and pool share

42.892	0.0233144	<0.01%
ARSW per ASTR	ASTR per ARSW	Share of Pool

Supply

LP TOKENS IN YOUR WALLET

🌐🔺 ASTR/ARSW   0

ASTR: 0

ARSW: 0

3.3 Staking

El tercer servicio que ofrece ésta Dapp es el staking del token ARSW. Como puedes ver en la figura de más abajo, el lector debe pinchar stake y tu token estarán comprometidos en la red, lo que le generará un rendimiento.

Más adelante explicaremos el tokenomics de Arthswap.

3.4 Bridge

La dApp ofrece además el enlace a un bridge con el cual puedes trasladar a la red Astar, diferentes tokens desde otras redes.

Esto es algo muy útil para aquellos que tienen tokens en otra blockchain y quieren realizar algún intercambio en ArthSwap.

El servicio de bridge es provisto por Celer.

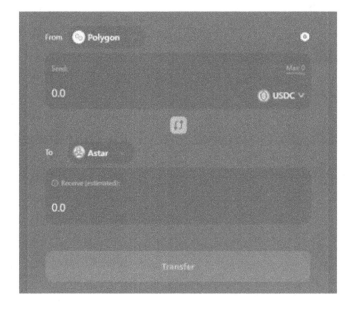

3.5 Tokenomics

De acuerdo a la información de la wiki, el token ARSW considera un suministro total de 1,000,000,000, a emitir en 24 meses con la siguiente distribución:

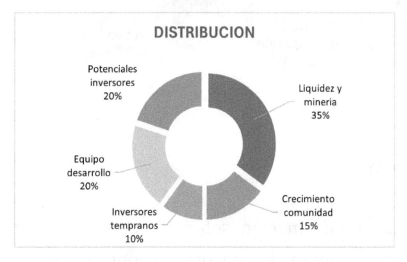

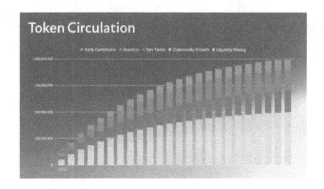

3.6 Ingresos por protocolo

ArthSwap cobra una tarifa del 0,3 % a todas las transacciones que se distribuirá a:

0,05% Al Grupo participación de eARSW

0,25% Proveedores de liquidez

3.7 Wiki

Toda la información sobre el protocolo y su funcionamiento lo puedes encontrar en su wiki https://docs.arthswap.org/ y además en su página web, https://app.arthswap.org/#/swap.

3.8 Palabras finales

ArthSwap trabaja por ser el DEX con AMM principal en Astar Network y en Polkadot y va bien encaminado. El tiempo y los usuarios dirán si se consolida como un grande o no, de momento funciona de maravilla.

3.9 Recursos

Encontrarás un video con ejemplos de la Dapp de Arthswap en el siguiente enlace.

VIDEO

ArthSwap una dApp DeFi,
DEX con AMM

Capítulo 4.

4. Préstamos simples con SIO2 en Astar Network

¿Es realmente posible tomar un depósito o pedir un préstamo a un protocolo?

La respuesta es sí, depósitos y préstamos también coexisten en el entorno de las finanzas descentralizadas y los protocolos crean mercados de depósitos para luego realizar préstamos.

A continuación, me referiré a SIO2 Finance.

Mencionar además que las principales ideas y las imágenes han sido extraídas de los documentos publicados por el equipo de SIO2, quienes tienen todo el mérito de lo descrito acá.

Por el contrario, todos los errores que pueda contener este documento son sólo míos.

Dicho esto, vamos con SIO2.

4.1 SiO2 Finance

Es el centro de préstamos en Astar para Polkadot.

De acuerdo con su wiki, SiO2 Finance está diseñado para servir a la comunidad de Astar/Polkadot con la mejor experiencia de usuario, funciones fáciles de usar con un sólo clic y un gobierno transparente.

En resumen, SIO2 permite al usuario usar múltiples activos como garantía y tomar prestados otros activos y depositar múltiples activos y obtener ingresos pasivos de los intereses.

En su logo se aprecia la mascota Josh, el minero de cristal.

SiO₂

Josh la mascota del protocolo

4.2 Depósitos

La primera función básica del protocolo es aceptar depósitos.

Al depositar un token, el protocolo entrega un certificado en forma de token que generará intereses (estos tokens son llamados los sTokens, como sUSDC, sWBTC, etc.)

El sToken es un certificado de depósito de un activo subyacente que acumula intereses al ser prestado en SiO2 Finance.

sToken se puede canjear en cualquier momento a una tasa de 1 a 1 con el activo subyacente en SiO2 Finance siempre que haya liquidez disponible. Por ejemplo, un sWBTC puede canjear un WBTC.

En la figura de más arriba puedes apreciar a la izquierda el total de activos suministrados, valorizados en usd y destacando en el gráfico los con mayor volumen. Por otra parte, a la derecha encuentras el total de activos prestados, también valorizado en dólares.

Abajo verás el listado de activos con el detalle del total depositado, el APY del activo, el % de rewards (pagaderos en el token del protocolo), el total prestado, los rewards por pedir un préstamo (pagaderos en el token del protocolo) y la tasa de interés del préstamo.

Los depositantes de SiO2 Finance pueden beneficiarse de la **tasa de interés de los préstamos:** una tasa de interés pagada por un prestatario de un activo se distribuye a los depositantes. La tasa de interés de un activo se calcula por la tasa de utilización

$$U = total\_prestado/ total\_depositado$$

Cuando U se acerca al 100%, los depositantes corren el riesgo de no poder retirar sus activos, lo que conduce a una tasa de interés más alta.

Por ejemplo, cuando un activo es escaso, requiere altas tasas de interés para el pago de préstamos y depósitos adicionales.

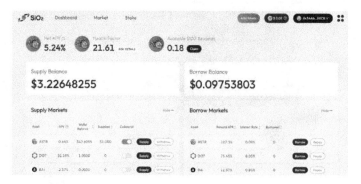

Dashboard de la aplicación

En la figura de más arriba puedes apreciar a la izquierda tu posición global de depósitos y a la derecha tu posición global de deuda, ambas valorizadas en dólares.

Más arriba el APY, tu factor de salud y tus rewards acumulados

En la misma figura más abajo apreciarás el detalle de tus posiciones depositadas (izquierda) y adeudadas (derecha)

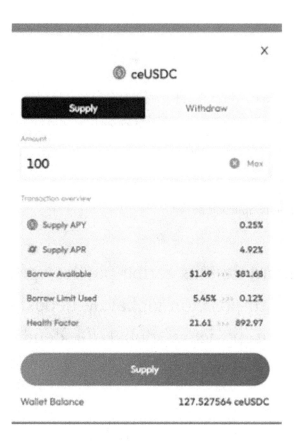

Si pinchas en un activo, por ejemplo, en ceUSDC se desplegará una ventana como la que se ve en la figura.

Puedes ingresar una cantidad (a depositar) y se calcularán los parámetros de la operación. En este caso:

"Supply APY" representa la tasa de interés a recibir por el préstamo; "Suplay APR"; representa una tasa de interés pagaderos en el token del protocolo (los rewards); "borrow avalilable" será tu capacidad para pedir un préstamo valorizada en usd; luego te indica dos intervalos, el primero es como van a cambiar tus límites y el segundo tu factor de salud.

4.3 Préstamo

SIO2 es un protocolo de préstamos, por lo tanto, los activos depositados serán prestados y si lo miras desde el punto de vista del usuario, este puede pedir prestado contra una determinada gama de activos con tasa de interés variable.

La tasa de interés variable y el máximo que se puede pedir prestado dependerán del tipo y la utilización del activo, es decir si para un activo hay suficiente disponible, la tasa de interés del préstamo no será alta, por el contrario, si hay escases del activo, entonces la tasa de interés del préstamo será alta.

Todas las garantías disponibles y los parámetros específicos para préstamos se pueden encontrar en la wiki en la sección parámetros de riesgo, acá comentaremos un poco sobre esto, más abajo.

Hay principalmente dos beneficios de ser un prestatario dependiendo de cómo vea las condiciones del mercado y la tendencia del precio de un activo.

A continuación, un par de buenos ejemplos que la misma wiki entrega:

Si cree que el mercado está bajando y el precio de WASTR va a caer (como en la mayoría de los mercados bajistas), puede depositar monedas estables (por ejemplo, BAI, USDC, etc.) para tomar prestado WASTR y vender el WASTR que tomó prestado en DEX. Cuando el precio de WASTR baja, puede obtener alguna ganancia pagando el préstamo con un valor en dólares más bajo en una etapa posterior.

Si cree que el mercado está subiendo y el precio de WASTR va a subir (como en la mayoría de los mercados alcistas), puede depositar WASTR para pedir prestadas monedas estables (por ejemplo, BAI, USDC, etc.) y comprar WASTR en DEX para crear más exposición a WASTR (también conocido como apalancamiento). Cuando sube el precio de WASTR, obtiene más ganancias.

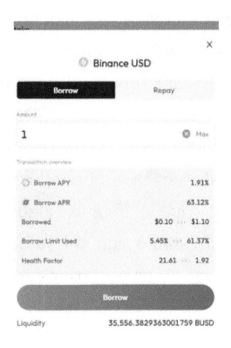

Ventana del prestatario

Si pinchas a la derecha (ver figura) alguno de los activos, por ejemplo, BUSD, verás la información del préstamo que a continuación se explica.

En el recuadro debes ingresar la cantidad a solicitar, con ese valor se calcularán los parámetros. Así:

"Borrow APY", es la tasa del préstamo a pagar; "Borrow APR", los reward a recibir; "Borrowed", la cantidad prestada; y luego como van a varias tus límites si tomas el préstamo por esa cantidad.

Hay que mencionar además que los usuarios obtienen recompensas en SiO2 Finance con tokens de $SIO2 como incentivos.

4.4 Tasa de interés del préstamo

Actualmente, SiO2 Finance solo admite tasas de interés variables, que dependen dinámicamente de la tasa de utilización de cada activo.

4.5 Factor salud ó HF

El factor de salud (también conocido como HF) es una métrica que indica la seguridad de su posición depositada en relación con su posición prestada.

Cuanto mayor sea el valor de HF, más seguros estarán los activos depositados contra la liquidación, pero cuando HF disminuye y se vuelve menos de 1, su activo puede ser liquidado. Este debe manejarse con cuidado ya que no hay vuelta atrás.

El cálculo de HF depende del umbral de liquidación de su garantía y activos prestados, que se pueden encontrar en Parámetros de riesgo .

4.6 Liquidación

Una liquidación es un proceso que ocurre cuando el HF de un prestatario cae por debajo de 1 debido a que el valor de su garantía no cubre adecuadamente el valor de su préstamo/deuda. Esto puede suceder cuando la garantía disminuye en valor o la deuda prestada aumenta en valor entre sí. Esta relación entre el valor de la garantía y el préstamo se muestra en el factor de salud.

En una liquidación, se reembolsa hasta el 50 % de la deuda del prestatario y ese valor + tarifa de liquidación se toma de la garantía disponible, por lo que después de una liquidación se reembolsa el monto liquidado de su deuda.

La sanción de liquidación (o bonificación para los liquidadores) depende del activo utilizado como garantía.

Para evitar la liquidación, el usuario puede aumentar su factor de salud depositando más activos colaterales o pagando parte de su préstamo.

Las liquidaciones estarán abiertas a cualquiera, pero es posible encontrar competencia. Normalmente, los liquidadores desarrollan sus propias soluciones y bots para ser los primeros en liquidar préstamos para obtener el bono de liquidación.

4.7 Parámetros de riesgos

Los principales parámetros de riesgo son los usuales: (1) Loan to Value (LTV), (2) Liquidation treshold, (3) liquidation bonus y (4) Reserve factor.

Acá una breve descripción:

4.7.1 Loan to Value (LTV)

LTV se define como el activo máximo (en valor en dólares) que uno puede pedir prestado con un activo específico que actúa como garantía.

4.7.2 Liquidation treshold

El Umbral de Liquidación es el porcentaje por el cual una posición se define como colateral deficiente. Por ejemplo, el Umbral de liquidación del 80 % significa que si el valor prestado supera el 80 % de la garantía, la posición es deficiente en garantía. Entonces el activo podría ser liquidado.

4.7.3 Bono de liquidación

Es una sanción de liquidación (o bonificación para los liquidadores) y depende del activo utilizado como garantía.

4.8 Reserve Factor

El factor de reserva asigna una parte de los intereses del protocolo a un contrato de la tesorería del ecosistema, así el riesgo de solvencia de SiO2 Finance estaría cubierto por el "Módulo de Seguridad", con incentivos provenientes de la reserva del ecosistema.

El factor es uno de los parámetros de riesgo y se relacionan con una variedad de factores, como la liquidez de los activos en Astar Network, la volatilidad del activo, los riesgos de centralización, etc...En este momento se encuentran publicados en la wiki los siguientes:

Activo	Colateral	Préstamo a valor	Umbral de liquidación	Bono de liquidación	Factor de reserva
USDC	Sí	80,00%	85,00%	2,50%	15,00%
BUSD	Sí	80,00%	85,00%	2,50%	15,00%
BAI	Sí	80,00%	85,00%	2,50%	15,00%
USDT	Sí	77,50%	82,50%	5,00%	20,00%
DAI	Sí	77,50%	82,50%	5,00%	20,00%
aUSD	Sí	77,50%	82,50%	5,00%	20,00%
WETH	Sí	75,00%	80,00%	7,50%	25,00%
WBTC	Sí	70,00%	77,50%	7,50%	25,00%
PUNTO	Sí	65,00%	75,00%	10,00%	25,00%
bnb	Sí	65,00%	75,00%	10,00%	25,00%
WASTR	Sí	55,00%	65,00%	12,50%	30,00%
nASTR	Sí	50,00%	60,00%	12,50%	30,00%

Parámetros de riesgo

4.9 Tokenomics

SIO2 es el token nativo del protocolo y considera un suministro máximo de 1,000,000,000. SIO2 que se obtiene de tres maneras:

Depositar activos para ganar incentivos de depósito en SIO2

Tomar prestados activos para ganar incentivos de préstamo en SIO2

Bloqueo de SIO2 para generar veSIO2 tokens y ganar incentivos de bloqueo

De acuerdo con la wiki, la principal utilidad de SIO2 es que los titulares pueden bloquear sus tokens para generar veSIO2 , para obtener los ingresos del protocolo asignados por el tesoro para retribuir a la comunidad.

4.9.1 Asignaciones de SIO2

Las asignaciones del token descrita en la wiki son las siguientes:

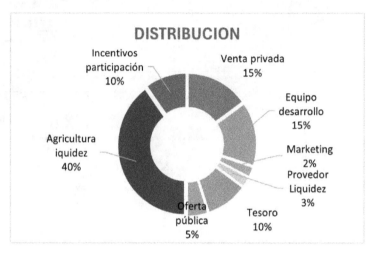

4.9.2 Distribución de SIO2

La forma y el período en que se distribuyen los tokens de acuerdo con la wiki es la siguiente:

Uso	Regla de liberación
Venta privada	Vesting lineal de 2 años
Equipo	Vesting lineal de 3 años
Marketing	Lanzado en TGE será utilizado para cotización CEX, colaboración futura, etc.
Proveedor de liquidez $SIO2	Lanzado uniformemente en 1 año después de TGE
Tesoro en cadena	Vesting lineal de 2 años
Oferta Pública	Adquisición de derechos de 2 años
agricultura de liquidez	Parte de la agricultura será distribuida por el protocolo, y se reduce en un 2% cada mes, el 90% se libera en 9 años.
$ SIO2 Incentivos de participación	Parte de los incentivos de participación serán distribuidos por el protocolo, y se reducen en un 2 % cada mes, el 90 % se libera en 9 años. El 1,25 % del suministro total se utilizará como incentivos de participación básicos para participantes de $ SIO2, distribuidos automáticamente a partir del primer día después del lanzamiento sin adquisición de derechos. Se distribuirán 250K $SIO2 en el primer mes y disminuirán un 2% cada mes. El 8,75 % del suministro total se utilizará como incentivos de participación adicionales para participantes de $SIO2.

4.10 Staking

Así como en otros protocolos, SIO2 ofrece a los usuarios la función de Staking y puede apostar tokens SIO2 en el módulo de seguridad y generar tokens veSIO2, que no son transferibles. Los tokens SIO2 se podrán reclamar una vez que expire el período de bloqueo.

Es interesante además que una parte de las utilidades del protocolo es distribuida a los tenedores de veSIO2, así la participación de veSIO2 en el módulo de seguridad también representa la participación de ingresos distribuida a la comunidad y la participación de gobierno para SIO2 Finance.

Para comenzar a bloquear, todo lo que necesita hacer es colocar su token SIO2 en el módulo de seguridad de SiO2 y especificar el período de bloqueo.

Para una cantidad determinada de tokens SIO2, cuanto más tiempo bloquee los tokens SIO2, más tokens veSIO2 obtendrá, lo que representa una parte del poder de voto y podría ganar una parte prorrateada de los ingresos del protocolo distribuidos a la comunidad.

A diferencia de SIO2, veSIO2 no es transferible y solo se puede generar después de bloquear los tokens SIO2 durante un período de tiempo.

Es el único token en SiO2 Finance que puede representar el poder de voto y compartir los ingresos del protocolo distribuidos a la comunidad.

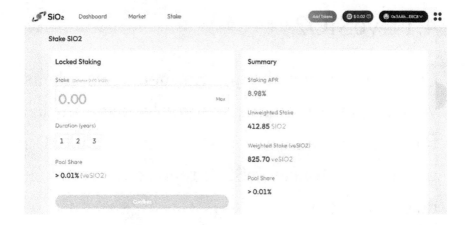

En la figura se aprecia la pantalla de bloqueo (staking) y tres opciones 1, 2 y 3 años. A la derecha se muestran los parámetros acumulados del usuario, por ejemplo en este caso, sumando todas las transacciones realizadas hay 412,85 SIO2 en staking y se han generado 825,70 veSIO2.

4.11 veSIO2

Como se mencionaba anteriormente sus tokens veSIO2 ganarán una parte de la parte de las tarifas equivalente a su parte del total de veSIO2 generado, entonces veSIO2 representa un token de participación.

Periódicamente los poseedores de tokens de veSIO2 recibirán los incentivos.

En la figura más arriba se aprecian 4 transacciones de bloqueo de SIO2 y la fecha de liberación de los tokens.

4.12 Redes sociales

Para obtener más información el lector puede acudir a los sitios oficiales y redes sociales del protocolo.

Twitter

https://twitter.com/SiO2_Finance

Discord
https://discord.com/invite/7u53a255Nh

Github

https://github.com/SiO2-Finance

Telegram

https://t.me/+Q--gZ2LHYLk2NDA1

4.13 Recursos

Encontrarás un video con ejemplos de la Dapp de SIO2 Finance en el siguiente enlace.

VIDEO

SIO2 Finance una dApp DeFi

Capítulo 5.

5. Optimizador de rendimiento.

En este capítulo explicaremos la función de los agregadores de rendimiento como Avault. Hay que mencionar además que las principales ideas y las imágenes han sido extraídas de los documentos publicados por el equipo de Avault, quienes tienen todo el mérito de lo descrito acá. Por el contrario, todos los errores que pueda contener este documento son sólo míos.

Dicho esto, vamos con Avault.

5.1 Avault

Para iniciar, el lector debe conocer que Avault se define como una plataforma agregadora de rendimiento, que plantea ser omnichain, es decir permitirá al usuario optimizar los rendimientos que puede obtener en un protocolo determinado en una pool de liquidez en el farming en muchas cadenas de bloques. Para ser más claro voy con un ejemplo:

Imagina que tienes dos tokens A y B y los dispones en una Pool en el protocolo MacZam, con objeto de obtener como premio el toquen MAC, con un APY de un 70%.

Considera además que tú no quieres recibir el toquen MAC, no es de tu interés acumularlo, entonces puedes utilizar un protocolo que de manera automática, recibe el token MAC, lo vende y nuevamente lo incorpora a la POOL, eso es lo que hacen los agregadores de rendimiento.

Como puedes ver en la imagen, arriba a la derecha hay dos botones, el acceso a la omnichain y el acceso a la aplicación desplegada en la red Astar. En este caso ingresaremos al que dice Astar, por lo que previamente es necesario configurar el wallet de Metamask en red Astar. En el capítulo inicial están las claves para configurar tu wallet y la red.

Mencionar además que Avault es un proyecto muy joven y su primer artículo en Medium está fechado con 15/03/2022, y en el mismo explican el proyecto y presentan el siguiente esquema:

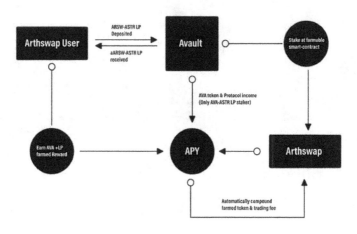

La figura, representa de buena forma el flujo de trabajo del protocolo, mostrando como reinvierte los rewards y los intereses, logrando así un interés compuesto.

En resumen, el lector debe quedarse con idea que al depositar su token LP en una Pool en un protocolo a través de Avault, todos sus rewards e intereses serán reinvertidos en la misma Pool de manera automática.

En cambio sí depositase su token LP directamente en una POOL en un protocolo si utilizar AVAUL, el usuario obtendrá las recompensas de la POOL en su billetera y éstas no será reinvertidas a menos que el usuario este atento a ello y realice las transacciones manualmente.

5.2 Farming con Avault

El proceso en Avault es muy simple, y lo primero es elegir la Pool en que quieres participar.

Si observas la figura más abajo, notarás que arriba hay un menú con varias opciones y si pinchas "vault", se desplegarán todas las bóvedas (vaults) disponibles.

Más abajo verás cuatro botones que funcionan como filtros, y podrás filtrar las vault por protocolo (Arthswap y Starlay).

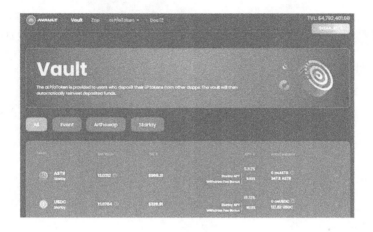

También apreciará el lector que, en la imagen, para cada vault se muestra además toda la información de la Pool, es decir, el protocolo, el volumen, el TVL (valor total bloqueado) el rendimiento (APY) y la participación del usuario, en ese orden. En el caso de la imagen se aprecia una VAULT de ASTR y una de USDC, pero encontrarán toda una variedad de vaults.

Hay que mencionar además que la dApp para la red Astar no se encuentra tan desarrollada como para la opción omni chain, donde puedes hacer filtros y ordenar la información de distintas maneras.

5.3 Entrando en materia

Supongamos que buscamos una vault para incorporar al protocolo algunos tokens y elegimos cualquiera.

En este caso seleccionaremos la Pool USDC-WASTR LP. (ver figura más abajo)

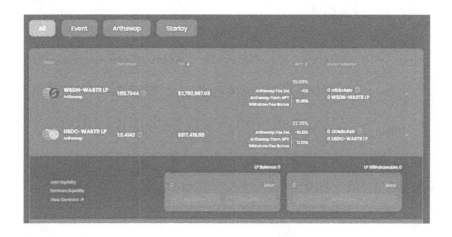

La información que nos entrega el protocolo de acuerdo a la figura es la siguiente:

Pool: USDC — WASTR LP

- Protocolo: ArthSwap

- TVL: 617.416,68 USD

- APY: 22,75% (Una parte corresponde a los fees del pool, es aproximada y la otra al APY del Farm)

- Wallet Balance: Muestra cuantos tokens tienes en el protocolo (arriba) y cuantos tienes en tu wallet (abajo)

y más abajo tienes tres opciones:

- add liquidity,

- remove liquidity,

- view contract.

Vamos una a una:

5.3.1 Add liquidity

Si pinchas esta opción se desplegará una ventana que te permitirá incorporar los tokens para crear el token LP.

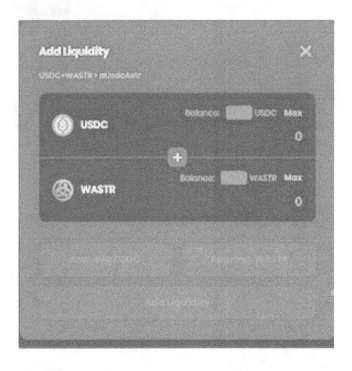

5.3.2 Remove liquidity

Una opción muy simple, permite remover el token LP.

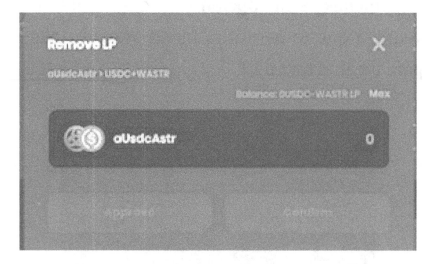

5.3.3 View contract

Esta opción te muestra el Smart contract. Las opciones de la mitad de la ventana te permiten agregar o retirar el token LP del protocolo.

5.4 Funcionalidad ZAP

Esta es una funcionalidad verdaderamente interesante, ya que la funcionalidad ZAP te permitirá participar de la Pool cuando sólo tienes un token.

Si observas la imagen más abajo verás una ventana que se despliega y te permite elegir el token que tienes y cambiarlo por un token de LP de cualquiera de las Pools.

Así que si es una funcionalidad interesante que te ahorra algunos pasos para participar en una Pool.

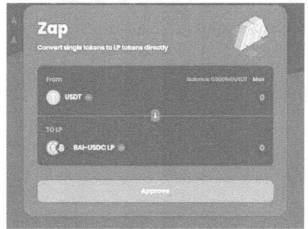

5.5 Token aLP/aToken

aLP/aToken es el recibo de su LP/token depositado y al mismo tiempo, es un token de activo que generará intereses.

De acuerdo a la wiki, cada ficha que devenga intereses ganará intereses automáticamente, incluso si los usuarios solo la tienen sin hacer nada.

De acuerdo con la wiki, en el futuro, los usuarios podrán apostar su aLP en granjas para ganar $ AVAT. (Esta funcionalidad al cierre de este capítulo no está del todo finalizada)

Se espera que los protocolos de préstamo puedan utilizar aLP/aToken como garantía.

5.6 Token del protocolo

AVAT es el token nativo de Avault, sin importar la cadena que se esté utilizado y el suministro total será de 500,000,000.

De acuerdo con la información de sus redes, el token aún no ha sido distribuido y se espera que esto ocurra en algún momento del 2023.

De todas formas, las condiciones serían las siguientes:

5.6.1 Distribución del token:

500.000.000

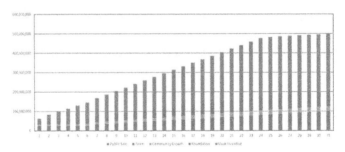

5.6.2 Usos de AVAT

AVAT será el token de gobernanza de Avault y, en resumen, los usuarios podrán obtener veAVAT apostando AVAT.

El usuario podrá elegir cuánto tiempo bloquear sus tokens AVAT, desde un mínimo de 1 semana hasta un máximo de 4 años.

A cambio, recibirá tokens veAVAT, que representarán sus derechos de voto y participación en los ingresos del protocolo.

El derecho a votar y proponer será relevante para decidir abrir o cerrar Pools y los rewards de Farm.

5.7 Redes sociales

El lector encontrará mucha más información en el sitio oficial y las redes sociales del protocolo.

Twitter — https://twitter.com/AvaultOmni

Discord — https://discord.com/invite/WcARFMy2t8

Medium — https://medium.com/@avault

Github — https://github.com/AVaultFinance

5.8 Recursos

Encontrarás un video con ejemplos de la Dapp de Avault en el siguiente enlace.

VIDEO

AVAULT

Capítulo 6.

6. BAI, moneda estable.

Una moneda estable es una aplicación de las finanzas descentralizas, creada para dar estabilidad a los holders e inversionistas. Una moneda estable busca mantener una paridad a una moneda, por el ejemplo al USD, al EUR, o al YEN.

Actualmente hay varias metodologías para mantener la estabilidad del precio de la moneda estable. Una de ellas es respaldarla con la moneda por ejemplo con USD físico o depósitos bancarios, por ejemplo; otra manera es generar un respaldo con una moneda digital o token muy fuerte como BTC, ETH, etc...; y otra forma es respaldarla con un token más nuevo y/o combinaciones de los métodos. Todas las metodologías tienen sus riesgos.

Antes de iniciar mencionar que las principales ideas y las imágenes han sido extraídas tanto de los documentos publicados por el equipo de Astrid DAO o desde la aplicación, por lo cual es el equipo, quienes tienen todo el mérito de lo descrito acá. Por el contrario, todos los errores que pueda contener este documento son sólo míos. Dicho esto, vamos con Astrid DAO y BAI.

6.1 Astrid DAO

AstridDAO es un mercado monetario descentralizado y una plataforma de monedas estables, desplegado en Astar Network, es decir Astrid DAO emite una moneda estable.

Astrid DAO cuenta con un protocolo de StableCoin, es decir puedes mintear BAI (moneda estable vinculada al dólar) contra una garantía en un activo digital como WASTR, WBTC, WETH y otros y por otra, también puedes depositar un activo digital y ganar un rendimiento.

El token nativo del protocolo es ATID y su web es https://astriddao.xyz/.

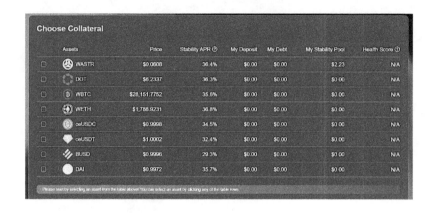

	Assets	Price	Stability APR ⑦	My Deposit	My Debt	My Stability Pool	Health Score ⑦
☐	WASTR	$0.0608	36.4%	$0.00	$0.00	$2.23	N/A
☐	DOT	$6.2337	36.3%	$0.00	$0.00	$0.00	N/A
☐	WBTC	$28,151.7752	35.6%	$0.00	$0.00	$0.00	N/A
☐	WETH	$1,788.9231	36.8%	$0.00	$0.00	$0.00	N/A
☐	ceUSDC	$0.9998	34.5%	$0.00	$0.00	$0.00	N/A
☐	ceUSDT	$1.0002	32.4%	$0.00	$0.00	$0.00	N/A
☐	BUSD	$0.9996	29.3%	$0.00	$0.00	$0.00	N/A
☐	DAI	$0.9972	35.7%	$0.00	$0.00	$0.00	N/A

Please start by selecting an asset from the table above. You can select an asset by clicking any of the table rows.

Vamos entrando en materia, poco a poco.

6.2 Token BAI

$BAI es la moneda estable vinculada al USD emitida por AstridDAO, es decir, puedes utilizar BAI como medio de pago y protegerte de la volatilidad.

En resumen, los usuarios pueden depositar activos como ASTR, BTC, ETH, DOT, y otros, dejarlos como garantía y mintear BAI. La idea es conservar tu activo y disponer de liquidez.

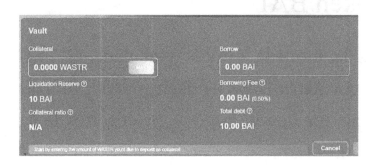

Los usuarios pueden usar $BAI en distintas estrategias, por ejemplo: agregar BAI al grupo de estabilidad de AstridDAO y ganar $ATID, agregar BAI a los grupos de liquidez en diferentes protocolos como por ejemplo ArthSwap, Sirius Finance, etc...y obtener recompensas de liquidez, depositando BAI como garantía y tomando prestados otros activos, ... en fin, lo que puedas imaginar.

$BAI pretende ser la moneda estable dominante en Astar Network y en el ecosistema de Polkadot.

6.3 Token ATID

$ATID es el token de protocolo emitido por AstridDAO y puedes obtenerlo,

(1) agregando BAI a los grupos de AstridDAO y

(2) depositando activos en AstridDAO.

También podrás conseguirlo en el mercado secundario.

Una función importante del token ATID será para generar veATID, el token de gobierno. Los usuarios pueden bloquear ATID y generar el token de depósito en garantía de votación veATID.

Los usuarios pueden usar $veATID para aumentar las recompensas de $ATID, ya que captura los ingresos de las tarifas generadas por el protocolo.

6.4 Tokenomics

Hay dos tokens fungibles principales emitidos en el ecosistema AstridDAO, $BAI y $ATID.

Como se mencionaba anteriormente, $BAI es la moneda estable vinculada al USD emitida por AstridDAO y $ATID es el token de protocolo de AstridDAO.

Se puede usar para generar un token $veATID, que captura los ingresos por tarifas generados por el sistema, incentiva a los primeros usuarios y rige el protocolo de manera DAO. (Debes realizar el staking de ATID para ello)

La distribución de $ATID es la siguiente. (Suministro total de $ATID: 1,000,000,000)

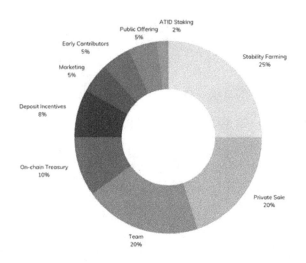

Y la generación de ATID está programada de manera mensual por tres años.

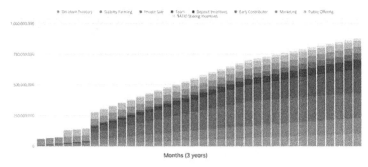

A modo de ejemplo, en la figura en su lado izquierdo, se aprecia que se han puesto en staking 430 ATID, generando 860 veATID.

Al lado derecho se observan los Rewards no reclamados y abajo un histórico.

6.5 Un depósito y un préstamo.

AstridDAO ofrece préstamos sin intereses y dice ser más eficiente en términos de capital que otros sistemas de préstamo (es decir, se necesita menos garantía para el mismo préstamo).

Y cuando me refiero a garantía, tengo en mente cualquier activo que un prestatario debe proporcionar para obtener un préstamo, actuando como garantía de la deuda. (Dentro de los aprobados por el protocolo).

En resumen, depositas tu activo y obtienes un rendimiento y además puedes utilizarlo como garantía para pedir un préstamo.

Indicar además que cuando la wiki del protocolo menciona "préstamo", en realidad se refiere a mintear BAI con un colateral que lo respalda, es decir es emisión de moneda BAI vinculada al dólar.

A modo de ejemplo, si observas la figura, notarás que en para mintear 100 BAI, son necesarios 2.370 WASTR (en este momento, claramente estos parámetros son variables y seguro serán diferentes cuando el lector esté revisando este artículo), generando una colateral ratio de 130,4%, el protocolo mintea 10 BAI adicionales de reserva y 0,5 BAI de comisión. Finalmente, el total de la deuda es de 110,5 BAI.

El protocolo cobra tarifas únicas de préstamo y canje que se ajustan algorítmicamente en función del último tiempo de canje.

6.6 Bóvedas

Para pedir prestado, debes abrir una bóveda y depositar una cierta cantidad de garantía (por ejemplo, ASTR) en ella, así puedes mintear BAI. El protocolo hoy tiene una condición de mintear al menos 100 BAI.

Una bóveda es donde guardas la garantía y se vincula con la deuda, es decir las bóvedas mantienen dos saldos: uno es un activo (por ejemplo, ASTR) que actúa como garantía y el otro es una deuda denominada en BAI.

Puede aumentar la garantía o pagar la deuda y también puedes cerrar la bóveda en cualquier momento pagando completamente su deuda.

Cada vez que retira BAI de la Bóveda, se cobra una tarifa de préstamo única sobre el monto extraído y se agrega a su deuda.

Tenga en cuenta que la tarifa de préstamo es variable (y determinada algorítmicamente) y tiene un valor mínimo de 0.5% en operación normal. Adicionalmente se aplicará un cargo de 10 BAI como cargo de reserva de liquidación, pero se le devolverá al pagar la deuda.

Los préstamos emitidos por el protocolo no tienen un calendario de reembolso. Puede dejar su Bóveda abierta y pagar su deuda en cualquier momento, siempre y cuando mantenga una relación de garantía por encima de la relación de garantía mínima para el activo correspondiente.

Esto es algo usual en los diferentes protocolos DEFI, en algunos se le conoce como el factor de salud.

6.7 Relación de garantía

El protocolo establece una relación entre el valor en dólares de la garantía en la Bóveda y la deuda en BAI. Claramente la proporción de garantía de su vault fluctuará con el tiempo a medida que cambie el precio del activo de garantía y dado que está condicionado un mínimo de garantía, las herramientas que se tienen son ajustar la garantía y/o la deuda de su Vault, es decir, agregar más garantía o pagar parte de la deuda.

Por ejemplo si depositas ASTR como garantía, supongamos 5000 ASTR a un precio de 0,06 usd, la garantía será: 5000 * 0,06 = 300 usd.

Supongamos que quieres pedir prestado 100 BAI (aproximadamente 100usd), la proporción de garantía será: 300/100 = 300%.

6.8 El MCR

La relación mínima de garantía (MCR) es la relación más baja de deuda a garantía que no desencadenará una liquidación en operaciones normales (también conocido como Modo Normal).

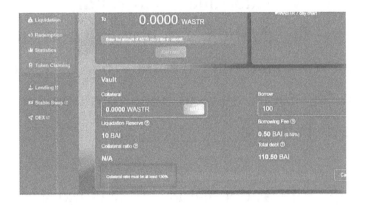

Ahora mismo, las MCR son: ASTR: **130%,** DOT: **115%,** BUSD, DAI y USDC :**102%**

6.9 Cuando se liquida mi Bóveda

Dado que el valor de la garantía es variable, es posible que en algún caso la valorización de esta no cubra el valor del BAI minteado. En ese caso el protocolo cuenta con un mecanismo para liquidar la deuda y utilizar la garantía.

El parámetro clave es el MCR (ratio de colateral mínimo), es decir, cuando la operación obtenga un MCR menor al definido, la garantía podrá ser liquidada. En estos casos la deuda de la bóveda es cancelada y absorbida por el fondo de estabilidad y su garantía se distribuye entre los proveedores de estabilidad.

En resumen, el propietario de la bóveda conserva los BAI, pero pierde la garantía.

Así se ve la pantalla de liquidación del protocolo. Se listan cada una de las bóvedas ordenadas por el colateral ratio, mostrando la adress de la bóveda, el colateral y la deuda.

6.10 Fondo de Estabilidad

En el protocolo la forma de asegurar que los BAI emitidos siempre se encuentren respaldados por un monto adecuado en activos garantizando la operación, es liquidar la garantía cuando ya no es suficiente.

Quienes realizan este rol son los Stability Providers, estos proveedores de estabilidad forman la Stability Pool y serán quienes paguen las deudas de las vaults, asegurando que el suministro de BAI siempre se encuentre respaldado.

Cuando se liquida cualquier bóveda, una cantidad de BAI correspondiente a la deuda restante de la bóveda se quema del saldo del Fondo de Estabilidad para pagar su deuda.

A cambio, toda la garantía de la Bóveda se transfiere al Fondo de Estabilidad.

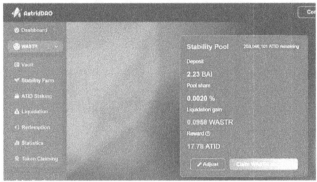

En la figura se observa un "Pool de Estabilidad", donde se han puesto 2,23 BAI que está generando rewards en ATID.

6.11 Reserva de Liquidación

Cuando abres una bóveda y minteas BAI, 10 BAI se reservarán para cubrir los costos del gas para el remitente de la transacción en caso de que se liquide su bóveda. (Es decir se van a mintear 110 BAI). La Reserva de liquidación cuenta como deuda y se tiene en cuenta para el cálculo de la relación de garantía de una bóveda, lo que aumenta ligeramente los requisitos reales de garantía.

6.12 Apalancamiento

Puede vender el BAI minteado en el mercado secundario, comprar el activo correspondiente y utilizar este último para recargar la garantía de su Bóveda. Eso le permite extraer y vender más BAI y, al repetir el proceso, a esto llamamos apalancamiento.

6.13 Redes sociales

Sitio web: https://astriddao.xyz/

Twitter: https://twitter.com/AstridDAO

Discord: https://discord.gg/FxbbBNAvEy

Telegram: https://t.me/+YXG1yvbTEiAyYmE1

6.14 Recursos

Encontrarás un video con ejemplos de la Dapp de Astrid DAO en el siguiente enlace.

VIDEO

Astrid DAO

Capítulo 7.

7. dApp Staking

¿Qué es Dapp Staking? y ¿qué tiene que ver con web3 y blockchain?

7.1 ¿Qué es Staking?

En las primeras páginas de este libro se ha explicado brevemente el concepto de staking, así que sólo retomaremos algunas ideas.

Quizás alguna vez escuchaste a alguien comentar, "déjalo en staking", ó "mientras espero lo mantendré en staking, ya que tiene una buena rentabilidad" y entonces imaginas que es una especie de depósito a plazo o no imaginas nada, ya que el término no es utilizado en las finanzas tradicionales, sino que en las finanzas descentralizadas.

Vamos poco a poco.

La palabra nace de stake, que significa apostar, pero a ¿Qué nos referimos cuando mencionan staking?

7.2 Un poco de historia super resumida

Para iniciar la historia retrocederemos en el tiempo y diremos que Bitcoin es una solución creada para realizar transacciones entre pares y que nace con la publicación de un documento llamado, "Bitcoin: Un Sistema de Efectivo Electrónico Usuario-a-Usuario", publicado el 31 de octubre de 2008, por el desconocido Satoshi Nakamoto.

En esta genialidad de documento se describen varias técnicas que juntas forman el protocolo. Una de éstas, se llama "la prueba de Trabajo", también llamada **Proof of Work** o **PoW**.

Transacciones entre pares

La **PoW** en Bitcoin es fundamental para la seguridad de la cadena de bloques ya que es la herramienta que se utiliza para marcar el tiempo y luego cerrar los bloques, finalmente es la herramienta necesaria para generar el consenso. Un bloque es lo que contiene las transacciones válidas y quienes hacen la tarea son los mineros, en función de PoW.

Hay mucho detalle sobre esto en la red, así que nada más me interesa que el lector recuerde la idea de que la prueba de trabajo es parte del protocolo de Bitcoin que da la seguridad a la red.

Acá una esquema de dos bloques de una cadena, copiada del mismísimo paper de Bitcoin, los bloques contienen transacciones y están unidos formando una cadena y para generar los bloques, es necesaria una **PoW**.

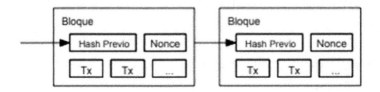

7.3 PoW y PoS

Bueno, con el tiempo se evidenció un relevante costo energético de la prueba **PoW** y muchos críticos de Bitcoin insistieron en esto, así que en la medida que se crearon nuevos protocolos, también se experimentó con nuevos mecanismos de prueba para garantizar el consenso. Hoy mismo se siguen experimentando con nuevos modelos.

Así en los años 2011–2012, el desarrollador Sunny King, presenta el **whitepaper PPCoin**, donde explica el nuevo modelo "**Proof of Stake**", también llamado **PoS**.

En este modelo, la validación de transacciones será realizada por aquellos **"validadores"** elegidos de manera aleatoria pero con el requisito de contar con una cantidad de activos o tokens inmovilizados (algo así como depositados**)**. Luego, hay varios modelos, pero en general quienes tienen una mayor cantidad de activos bloqueados, tienen mayor probabilidad de ser elegidos como validadores. Los validadores de transacciones serán recompensados con parte de la generación de activos de cada bloque.

Así, con el tiempo se crea el mecanismo de PoS por nominación, y entonces los validadores deben ser nominados por los holders, es decir por los tenedores de tokens, quienes entregan sus tokens para este fin.

Luego, los validadores seleccionados, cada vez que realizan la tarea, reciben una recompensa, por lo general por cada bloque y parte de ésta es destinada a los stakers, es decir a los holders quienes les han nominado.

Entonces, se suele utilizar el termino Stake o Staking para quien hace la tarea de nominar, utilizando sus tokens en el proceso.

Dicho esto entenderemos por staking varias cosas y encontraremos diversas definiciones en la red, yo me quedo con esta,

"...el staking es una alternativa a la minería y es el acto de dejar bloqueadas o en depósito una cantidad de tokens en nombre de un validador y por ello existirá una recompensa..."

Como se mencionaba anteriormente encontraremos una variedad de tipos de staking y casos de uso en diferentes blockchains, por ejemplo el staking de DOT, el staking de ETH, entre otros y hoy mismo, muchos holders en el mundo, desde su casa, desde su computador, son stakers, de uno o varios protocolos. La verdad no se requiere una gran infraestructura para ser staker, sólo con un computador es suficiente, e incluso algunas wallets para smartphone permiten hacer la transacción.

7.4 ¿Qué es dApp?

Todos quienes utilizan un teléfono inteligente, es altamente probable que hubiesen utilizado una app.

Es posible que el lector se encuentre familiarizado con el término "app", que es la abreviatura de la palabra "aplicación".

La aplicación puede ser de escritorio o móvil y brinda muchas funciones, algunas útiles, otras no tanto y por lo general son fáciles de descargar.

Todas las aplicaciones son centralizadas, es decir su funcionamiento se basa en un ente central que da el servicio en alguna parte. Eso quiere decir que los datos y la explotación de los mismos, están en manos de un centralizador.

"Por otra parte las aplicaciones descentralizadas son aplicaciones basadas en computadoras o teléfonos inteligentes que se ejecutan en sistemas informáticos distribuidos o cadenas de bloques."

Hoy en día encontramos **dApps** desplegadas en diferentes blockchains y las más populares son para usos de finanzas descentralizadas. Es probable que en algunos años mucho se escriba sobre dApps.

7.5 ¿Qué es dApp Staking?

Entonces si juntamos Dapp + Staking, obtenemos que,

"dApp staking es un modelo que busca incentivar a los desarrolladores a crear nuevas soluciones innovadoras, ya que les entrega como incentivo una parte de la inflación del token ASTR. Esto estimula que nuevas dApps se creen y desarrollen en Astar Network."

Astar Network es una blockchain, centrada en la creación de **dApps** en el ecosistema Polkadot que ya lleva más de un año en funcionamiento y ha generado más de 4 millones bloques, con más de medio millón de holders y más de 50 dApps. El trabajo de Astar es disruptivo generando la infraestructura necesaria para la construcción de aplicaciones descentralizadas que competirán con las Apps que hoy conocemos, para lo cual genera un incentivo utilizando un token y una tasa de inflación.

Durante el año 2023 Astar Network trabaja en una optimización de su tasa de inflación, en el proceso que ha llamado tokenomics 2.0 y según el cual, las distribuciones de recompensa tendrán una modificación, como se muestra en las figuras.

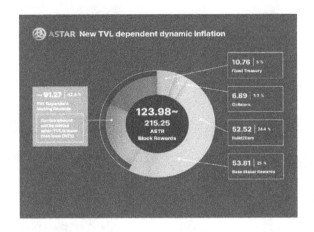

Adicionalmente, el nuevo modelo considera que las **dApps** serán ordenadas y jerarquizadas en cuatro grupos en función del apoyo de la comunidad (el staking), recibiendo mayor recompensa, aquellas que cuentan con más apoyo.

Incorpora además el concepto de "quema" de tokens, en aquellos casos que no se completen los cupos en cada grupo.

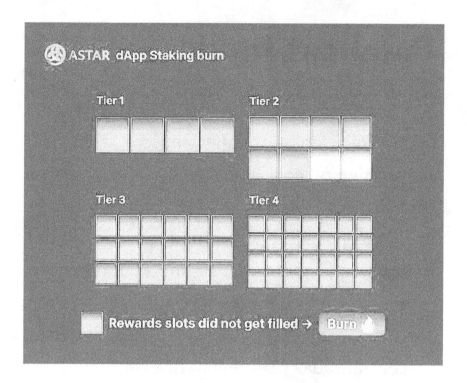

ASTAR dApp Staking burn

Tier 1

Tier 2

Tier 3

Tier 4

Rewards slots did not get filled → Burn

Palabras finales

Y así llegamos al final de este libro, el primero para mí, en el que busco compartir conocimiento con todos. En ésta segunda edición se han trabajado los errores y seguro hay otros por ahí que prometo corregir en una futura edición, pero lo más importante para mí es que con este libro les hago una invitación a curiosear y aprender sobre finanzas descentralizadas y sobre Astar Network.

Así que les espero en el canal GreenBoard Defi y en los grupos de la comunidad de Astar Network.

Mencionar además a mi amigo Andrés Peña, periodista científico con quien hemos compartido tareas en algunos proyectos y de quien tengo una gran admiración. Él ha sido un revisor de este primer libro y para mí ha sido un honor que así sea.

También he solicitado a algunos entusiastas y profesionales de distintos lugares del mundo algunas líneas sobre la importancia de las finanzas descentralizadas, agradezco a ellos su buena disposición y les comparto lo que piensan a continuación, yo ya me despido, prometiendo un siguiente y libro y con un abrazo.

Anexo

¿Qué tan importantes son las finanzas descentralizadas?

En el viaje del conocimiento y del compartir he conectado con grandes personas en el mundo y a algunos de ellos jamás los he visto físicamente. Les he pedido que describan la importancia de las finanzas descentralizadas, acá comparto sus pensamientos,

Conociendo el mundo crypto mediante los exchanges y tradings, fuimos buscando información hasta conocer algunas personas que sabían del tema y para pronto buscar contactarlos y preguntar por este mundo de la criptografía, uno de ellos me dijo conoces de DEFI que es ese término, pues es finanzas descentralizadas y con ellos nos permite controlar mi capital y tenerlo bajo mi custodia, lo cual me explotó la cabeza con todas las ideas y maneras que pudiera ser entrar en esta parte del mundo que iba conociendo, dejar atrás que mi dinero se encuentre en un banco cuando yo puedo controlarlo y hacerlo crecer con todas las herramientas que disten en DEFI. Les invitamos a conocer este fascinante mundo y contribuir en un futuro dejando un legado positivo para la humanidad, llevando libertad y educación financiera a todos los rincones del planeta.

ManyRyz.xx

Embajadores WEB3

Considero que las finanzas descentralizadas son una respuesta lógica a los vicios del sistema financiero tradicional. Al igual como ocurre con el software, las personas deben tener la libertad de elegir cómo operar con su dinero y en qué condiciones. Descubrir este enorme espacio es, sin duda, un enorme aprendizaje para cualquiera que desee tomar control de sus finanzas

Andrés Peña

Periodista Científico

Yo creo que las finanzas descentralizadas son un importante hito para la humanidad, ya que abre la posibilidad de que cualquier persona con acceso a internet y unos cuantos dólares pueda acceder a diferentes activos financieros ,actividad que hasta hace unos años era accesible únicamente para personas con mucha solvencia económica ,otra cosa importante es que a diferencia de los bancos e instituciones financieras , en Defi podemos tener toda la transparencia que solo la tecnología blockchain ofrece.

Trader Leo Hdz

Para mí lo más importante de DEFi es que le planta una competencia al monopolio de los bancos. Considero que los protocolos DEFI con mejor reputación y más consolidados ofrecen productos con respaldo real, no como los bancos que generan ganancias creando deuda usando el capital de sus ahorristas confiando que la mayoría de estos no va a retirar sus fondos al mismo tiempo. Es decir en DEFI hay liquidez real a diferencia de en la banca tradicional

Roberto Villavicencio

DeFi ha revolucionado la forma en que concebimos las finanzas. No solo nos brinda acceso a servicios financieros globales, sin necesidad de intermediarios, sino que lo más importante, sin fronteras. Esto es algo especialmente significativo para los latinos donde se vive una realidad económica con mayores desafíos, barreras financieras y mayor desconfianza en los sistemas tradicionales.

Aquí es donde entra en juego la importancia de las Finanzas Descentralizadas (DeFi) porque tiene la capacidad de empoderarnos económicamente. Con DeFi, podemos invertir, prestar y ganar intereses de manera autónoma. No importa dónde estemos en el mundo, podemos ser parte de esta revolución financiera y tecnológica.

Claro que tenemos que ser conscientes de los riesgos y es por ello que la educación es clave. En nuestra comunidad de Latinas en la Web3, estamos fomentando este pilar, la comprensión profunda de DeFi y sus desafíos. Al hacerlo, podemos aprovechar al máximo esta tecnología y asegurarnos de que todos tengan la oportunidad de prosperar en el mundo de la Web3.

Imaginen que, si este es solo el comienzo de DeFi y ya se han logrado grandes avances, incluso tenemos ahora mismo en el mercado proyectos super potentes que son los que han abierto todo este camino y otros que están desarrollándose con propuestas muy visionarias. Por lo que en lo personal me emociona y me causa mucha expectativa de ver hacia dónde nos llevaran las DeFi en el futuro.

CriptoEli

Latinas WEB3